JN437559

이슬도 풀잎에 세 들어 산다

황영선 시집

국립중앙도서관 출판예정도서목록(CIP)

이슬도 풀잎에 세 들어 산다 : 황영선 시집 / 지은이: 황영선. -- 경주 : 뿌리, 2016
p. ; cm

ISBN 978-89-86557-61-9 03810 : ₩10000

한국 현대시[韓國現代詩]

811.7-KDC6
895.715-DDC23 CIP2016029703

황영선 시집

이슬도 풀잎에 세 들어 산다

2016년 12월 10일 인쇄
2016년 12월 15일 발행

지은이 황 영 선
이메일 yellow0sun@hanmail.net
전 화 010-5542-3094

펴낸곳 도서출판 뿌리
펴낸이 정 구 찬
등 록 1993년 4월 2일 제13호
주 소 경주시 금성로408번길 16. 경우오피스텔 705호
전 화 (054)771-3529, 010-4801-1607
팩 스 (054) 771-3529
메 일 poem214@hanmail.net
값 10,000원
· 이 시집은 2016년 경상북도 문예진흥기금을 지원받아 발간하였습니다.

시인의 말

벼락을 삼켜버린 대추나무처럼
시를 삼켜버렸다
화상 입었다.

도도록이 돋아나는
그 이름을
손톱 달에 새긴다.

2016년 늦은 가을에
경주에서 **황영선**

차례

제2부 내 안에 삽자루가 있었네

차례

제4부 벼락을 삼켜버린 대추나무처럼

차례

제5부 사랑의 암각문신을 새겨놓고

이슬도 풀잎에 세 들어 산다

황영선 시집

제 1 부
봉숭아 꽃물 들이는 저녁

이슬도 풀잎에 세 들어 산다

서러워마라
이슬도 풀잎에 세 들어 산다
오직 별과 달과 하늘뿐인
티베트 고원, 그 높은 산정
귀도 눈도 입도 다 봉해 버려도
차마고도 벼랑길을 뚜벅뚜벅
말방울 소리를 울리며
등짐을 지고 나르는 당나귀처럼
고단한 노정
삶은 소금 호수 같아
묵묵히 그 길을 걸어가느니

매미

사는 일이 우는 일이란 거
너를 보며 생각한다
잠시 울음이 멈춘 찰나의 고요
그 정적의 순간에 시 한 줄을 읽는다

모든 시작과 끝이 울음 아닌 것이 없듯이
행간이 없는 시처럼 빡빡한 일상
칠년간 토굴에서 면벽 수도한 매미승이
지상에 나와 쓰는 시는 절절하다

나 아직 껍질 속에 갇혀 있는데
울림판이 사라져버린 시인은 시인이 아니라고
맴 매앰 맴 매앰
귀가 아프도록 게송을 읊고 있다

소금 호수

아이야, 너는 별이다
네가 잠든 어둡고 캄캄한 바다
크나큰 슬픔은
소금 호수가 되리니

까맣게 타들다
온 몸이 소금결정이 되어버린 채
남은 사람들은
오래도록 짜디짠 슬픔을 맛보리

4월의 봄 바다 속에
갇혀버린 아이야!
지느러미야, 돋아라!
어서 물 밖으로 얼굴 내밀어라

매미 2

종일 울고 있는 이가 있다
한 생애가 울음뿐인 삶
울다 까맣게 타버린 이가 있다
멍이 몸 밖으로 다 빠져나올 때까지
오늘도 울 곳을 찾아 떠도는 이가 있다
눈가가 자두처럼 짓물러버린 그 사람

터실터실한 손바닥으로 내 허물을 받아주던 이
쓸쓸한 등을 쓸어주고 또 쓸어주며
나 대신에 곡비처럼 울어주던 이
나 때문에 자주 서러웠을 그 사람
몰래 기대어 울던 그 나무 아래로 가면
그 사람 꼭 닮은 쓸쓸한 빈 집 한 채

세상을 향해 주먹질 하는 대신
제 가슴을 치며 울던 그 사람
무덤 속에 들어가서도 내내
울 궁리나 할 그 사람
우는 일이 천직인 그 사람
달포 넘게 귓속에 들어와 나가지 않는 곡소리

저, 파안대소!

일생에 단 한 번
환해지는 때가 있다

속을 텅 비워버린 채
아혼 아홉 해를 꼿꼿하게 버텨온
대나무가 마침내 꽃을 피웠다
대쪽 같은 그가 무너졌다
실성한 듯 그가 웃고 있다

가슴에 숭숭 구멍을 뚫어놓고 사라진
한 여자를 위하여
평생을 견디다니

그가 마침내 파계를 했다
사랑!
백 년 동안 그가 밀어올린 묘비명이다

봉숭아 꽃물 들이는 저녁

그녀의 자서전을 읽는다
달빛 아래 읽기 좋은 책이다
햇살 아래 두면 금방 빛이 바래버리는
그녀의 일대기
제 몸의 끈끈이 액이 아니었다면
마른 길을 가지 못했으리라
그녀가 느린 걸음으로 바닥을 기어가고 있다
풀잎이다
그녀의 눈물을 사람들은 이슬이라 말한다
손톱 속에 초승달이 떠오른다
노을의 일대기가 봉숭아 꽃물 속에 들어 있다
그녀가 웃고 있다
초승달이 자라 보름달이 되는 사이
그리움도 자라리
다시 봉숭아 꽃물 들이는 저녁이다
한 생애 건너 다시 시를 읽는 저녁이다

물소리 경전

해인사 가는 길
농산정 추녀 끝에 서서
소나기를 피하며
세상사 귀 닫고
물속으로 걸어 들어간 그 사람을 생각하네
하는 일이 다 부질없으니
꽃이 피고 지는 일처럼
나고 지는 일이 그 같음을

물속에 들어가
탑 한 채 짓고 나오네
탑 한 채
물속에 두고 나오네
두고 나온 탑에서
풍경이 울리네
오래 파문이 이네
물소리 경전이네

하심 또 하심(下心)

지고 가던 바윗돌 하나 내려놓으니
새가 날아와 그 이름을 쪼다 가네
물결이 부드러운 손길로
그 이름을 지우네
바람결에 그대 음성 들리네
그 음성 새소리에 묻히네

그대에게 가는 길은
멀기만 하네

별서

경주 남산 금오봉 어디쯤에
남몰래 그리움 한 채 집 지어놓고
철철이 피고 지는 꽃처럼 다녀가리니
바리때와 바랑을 남겨두고
홀연 바위 속으로 들어가 은둔 중인 당신
그 사랑이 얼마나 단단하기에
천년이 다가도록 이리 온전할까
바위가 다시 모래알갱이가 될 때까지
눈과 귀가 다 사라져도
가슴으로 알아듣는 그 말
빗물이 스며들고 가슴에 실금이 가도
바위가 연꽃으로 피어나는
저 견고한 언어는 누구의 시인가!
무슨 일인가로
자꾸 눈물이 번지는 날
인연이 사무치는 날
별장 같은 당신을 찾아 나는 가리니.

꽂, 비녀를 꽂다

창포물에 흑단 머리를 담근 우포가
환하다

물위에 구름 배를 띄우고
깨금발 들어 우포 사지포를 관할하는 여장부
보랏빛 물옥잠,
그녀가 비녀를 빼어들고
물 위에 쫙 깔린 물안개를 틀어 올려
꽂고 있는 중이다

저 속도면
물가에 치렁치렁 늘어뜨린
버들가지의 머리채까지 묶어버릴 태세다

어지러운 생각의 머리채를
너른 대야에 담그듯
우포늪에 푹 담근다

머리를 말리며 안개 길을 걷고 또 걷는 사이

우포늪 물 밖으로 얼굴을 내민
물옥잠, 그녀가 옥비녀를 내밀어
내 흐트러진 생각을 한 다발로 묶고 있다

목련나무 꽃배를 타고

목련나무 한 그루가 내 안으로 들어와
정박한 봄밤이다

그대는 종일 수평선처럼 누워있네
꽃눈을 뜨고 내다보는 젖은 눈동자
암초에 걸려있네
한 때 사랑을 키웠으나 헛무덤이 되어버린
젖가슴 속 멍울들
꽃망울처럼 자꾸자꾸 번지고 있었네
가지를 뻗고 뿌리를 내려 자라고 있었네

왜 모든 사랑은 과거형인가
왜 모든 그리움은 떠나간 후인가
사랑을 노래하던 당신을
누군가 점령해 버렸다지
그 사랑 앞에 그만 무릎 꿇어버렸다지
맹목적인 그 사랑에게 다 주어버렸다지

가지마다 화사한 흰 꽃송이 조등처럼 걸어두고서

당신은 한사코 웃으며
목련나무 꽃배를 타고
이 봄을 무사히 건너가는 중이라시네

낡은 신발 한 켤레

어머니, 인제 그만 진창에서 나오셔요
남은 생이
껍질만 남아 물 위에 떠오른 우렁이 같은 걸요
품고 있던 어린 새끼들이 어미의 몸을 먹이로
갉아먹고 있는 줄 어찌 모르셨나요
몸 하나가 전부였던 생,
우렁이 새끼처럼 어미를 먹이로 갉아먹던
제 속에도 어린 새끼들이 득시글거려요
질척거리는 게 생이니
물길을 잃어버린 목선처럼
낡은 신발 벗어두고 맨발로 건너갈까요?
떠난 뒤에야 환히 보이는
낡은 신발 한 켤레!

11월

물이 돌을 울리는 건지
돌이 마침내 막힌 울음을 뽑아내는 것인지

불무사(佛無寺) 찾아가는 길
물소리 절창이다

바위 속에 은거한 채 천 년이 다 지나도록
꿈쩍도 않는 당신

백년도 못되는 내 사랑의 누옥도
이미 오래 전에 빗물이 스며들고
한 모서리가 떨어져 나가버린 걸

단풍나무 아래 서서 속울음 울다 가는 이여!
바닥 가득 화인을 찍듯 찍어놓은 발자국

모든 사랑은 버릴 때 비로소 눈부시다
단풍나무 아래가 환하다

전등사 가는 길

가슴에 불 밝힐 일 많아
전등사 가는 길
어둑어둑해진 낯선 땅
이방인이 되어
멀리 있는 너를 생각한다.
너도 나처럼 캄캄한지
묵묵부답
부재중 전화만이
백일홍 나무마다 꽃불을 밝히는데
사랑한다
사랑한다
천만 번을 입 밖에 내어도
다 모를 그 말
어디선가 그대도 실연의 상처를 꺾고 있을까
두 손 들어 벌 받고 싶네
전등사 내력처럼 쓸쓸한 사랑 이야기
쩍쩍 금이 가도 내려놓을 수 없던 그 사랑
가혹하여라
눈 먼 사랑의 무게여!

팔작지붕 네 귀퉁이를 받쳐 들고
무릎을 꿇은 채 다시는 일어서지 못한
앉은뱅이 사랑이여!
나무들은 푸르른 날개를 달고
창공으로 날아오르는데
오늘도 너에게 가 닿으려
나는 자꾸 캄캄해지는 중이네

벽

내가 너무 단단해서
당신이라는 못은
자꾸만 튕겨나간다.

그대가 날카로워지면
나는 더욱 더 견고해진다.

액자를 걸기 위해
당신은
오늘도 내 가슴에 못을 박고 있다

한 몸이 되기 위하여
눈물겨운 사투를 벌인다.

그 그늘로 누가 다녀갔을까

마당 한 귀퉁이를 밝히고 있는 벚나무 가슴께에
언제 적 상처인지 대못이 박혀있다
나무는 제 몸의 상처를 치유하느라
낙타의 등처럼 불룩한 혹을 만들었다
못은 한 동안 나무의 중심이었을 것이다.
쓸쓸한 연애의 뒤끝처럼
고통스런 시간을 견디는 동안
상처는 생의 중심이었다
어느 새 나무는 훌쩍 커 봄이 오면 주위를 환하게 하고
여름이면 그 아래 푸른 그늘을 내려놓기도 한다
상처가 키운 꽃,
나무가 둥치를 넓혀가는 동안
그가 가진 그늘도 함께 자랐다
이제 그 그늘은 부드러워지고
못은 조용히 삭아 내리며 존재를 지워가는 중이다
나무는 더 이상 아프지 않다
봄이면 화사한 슬픔으로 만든 꽃방석을 내어놓는다
못은 더 이상 나무에게 적대적이지 않으며
나무는 볕바른 날 거풍을 하듯 잎사귀를 뒤적이고 있다

햇살이 따끈따끈 내리쬘 때마다
벚나무가 한 뼘씩 부풀어 오른다
환한 그 그늘 아래 앉아 누군가 나무가 쓴 시를 읽다 간다
시를 읽는 동안 꽃비가 내리고 꽃눈이 내렸다
누가 다녀갔을까
그늘 아래 반질반질 길이 나 있다

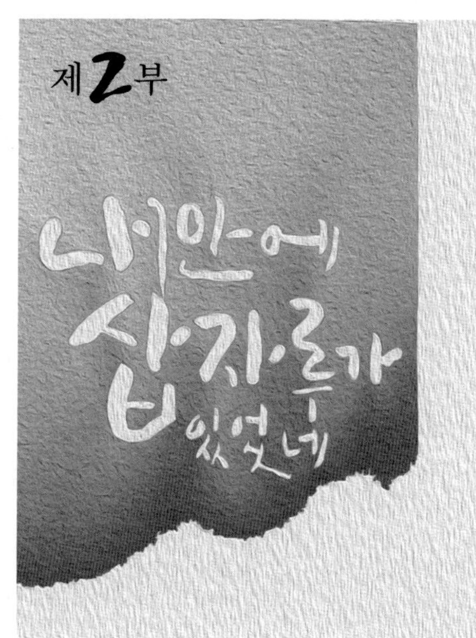
제 2 부
내 안에 십자로가 있었네

내 안에 삽자루가 있었네

머리에서 가슴으로
가슴에서 머리로
그 말이 오르내리며
길을 만들었다

그 말에 웃기도 했지만
그 말이 한 생애를 뒤흔들었고
때로는
그 말에 무덤을 파기도 했다

말은
그저 말일 뿐인데
수많은 지문들로 가득한 삽자루들 사이
그대가 파다 두고 간 삽자루도 보였다

내 안에 수많은 삽자루가 있었다
오래도록 내가 내 안에 구덩이를 팠다
몇 개의 구덩이 속에
내 손으로 내가 나를 묻는다

신선암 마애불

햇살이 와 닿으면 단단한 이마에 피가 돈다
바람의 손길이 가만가만 와 닿으면
입가에 온화한 미소가 번진다
그의 곁에 서서 동해 먼 곳으로 눈을 들면
발아래만 보며 살아온 나의 삶이
절벽 같았음을 이제야 알겠다
절박하게 누군가 내게 손짓한 이 없었을까
살아온 날들을 뒤돌아보게 하는 시간
두문불출 칩거 중인 당신도
실은 나처럼 외로운 게 아니었을까
탁발 나간 산새가 돌아 와
먼 나뭇가지에서 이슬을 터는 시간이다
불전을 넣으면 물어다 내다버린다는
신선암 마애불 불전함 속에 둥지 튼 새
귀를 대면 파닥파닥 뛰는 심장소리가 들릴 듯한데
연꽃 위 선정에 들었던 신선암 마애불도
간이 우체통 같은 까만 새둥지 속이 궁금하셨는지
막 한 발을 내려놓는 중이시다

물천리에서

경주시 천북면 물천리엔
나 대신 시를 쓰는 나무가 있다
나 대신 시를 쓰는 풀꽃이 있다

오동나무 꼭대기에 사는 까치 떼들이
그 시를 읽느라 하루 종일 깍깍거린다
이슬이 마르기 전에 받아 적어야 할 시가
산처럼 쌓여 있다
내가 시를 쓰지 못하는 것은
창 밖의 저 나무들 때문이다
내 마음을 다 빼앗아 가버린 저 들길 때문이다
초록이 무더기로 쏟아져 들어오는 창가에 앉아
내 마음이 어디를 쏘다니다 돌아오는지 적고 있다
한 줄 두 줄
풀잎이 써 놓은 시를 받아 적고 있다
운동장 모퉁이에서 아는 체를 하던 애기똥풀꽃이며
아까부터 생각에 잠겨 있던 씀바귀꽃이며
개구리들이 일기 예보를 하는 소리를 듣고 있다
뻐꾸기들이 남의 둥지에 낳아 놓은

제 새끼를 불러 모으는 소리를 듣고 있다
받아쓰기 숙제를 하는 아이들처럼
나는
그 모든 소리를 받아 적고 있다

청송을 지나며

물밑 환한 계곡 바닥을 들여다보다
'버들치' 하고
가만히 이름 불러본다

제 이름이 버들치인줄은 알까?
나는 안중에도 없다는 듯이
지느러미를 흔들며 사라진다

저렇게 바닥을 다 내보여도 좋을
사람 하나 문득 그립다

제 품성대로 사는 것이 부러워
가만히 마음 바닥을 들추며
누가 내 이름을 부르나 귀 기울여 보는 하루

사람의 손을 타지 않은 이 산기슭에
나를 풀어놓고 간다

적멸

내 그리움이 암만 고와도
함백산 야생화만큼이야 하겠느냐고
정선 가는 길
구부렁길도 이 정도는 되어야
인생도 감칠맛이 있겠다. 굽이굽이
몇 구비를 더 돌아야 당신이 보일까
터널을 관통하듯 지나쳐버린 날들
이마에 불을 켜며 사는 사이
당신은 차츰 흐릿해졌다
불을 켤 곳은 이마가 아니라 가슴께 인 것을
책을 덮고 당신을 읽는다
가깝고도 멀어 눈물겹던 내 사랑
빈 방 면벽하듯 마주 앉으면
당신도 나의 귀가 되어 줄까

정암사 적멸보궁,

적멸도 명멸도 어려워
당신을 보기 위해 다시 만항재로 길 떠난다

대화

풀을 좋아하는 나는 풀을 통해 세상을 이야기하고
새를 좋아하는 너는 새의 말로 세상을 번역한다
어떤 울음은 한사코 노래로 기록되기도 한다
어떤 빛깔은 모든 것을 흡수하고도
한사코 무색이다
부사와 동사가 없이도
오직 그 만으로 빛나는 이름도 있다
시가 그렇다
얼마나 많은 말들이 함축되었고 얼마나 많은 은유가
그 속을 프리즘처럼 투과시키는지

우리들의 마음은 프리즘
세상을 투과시킬 때
풀을 좋아하는 나는 세상을 풀빛으로 물들이고
새를 좋아하는 너는 새 소리로 세상을 노래한다
한 공간에 있지만 다른 세상에 산다
풀을 사랑하는 일보다 너를 사랑하는 일이
힘들어질 때 나는 생각한다
너도 나보다 새를 사랑하는 일이 훨씬 더

쉽겠다는 사실을

세상이 온통 풀밭 뿐이라면
세상이 온통 새들 뿐이라면

죽을 힘을 다하여도
나는 여전히 풀밭에 살고
너는 여전히 새소리로 나를 설득하려 한다

에크모가 필요해

내 생각의 절반은 이미 감염되어 있는지도 몰라
내 말의 절반은 예전에 누가 이미
한 말인지도 몰라
크라운 왕관을 썼다고 하여
메르스! 그대 앞에 무릎 꿇을 수는 없는 일
누구는 그대를 시시하다고 하고
누구는 그대를 무섭다고도 했지
접근 금지!
내 사랑은 지금 철저히 격리 중이다
아라비아 사막 그 어디에선가 왔다는
그대의 정체는 아직도 오리무중
하이, 메르스!
굿바이, 메르스!
자꾸만 기침이 터지네
이젠 나도 나를 믿을 수 없는 날들이네

물가에서

오늘도
물가에서 놀다 갑니다

그대도
오늘 하루
어느 물가에서 서성이다 오시는지

내가 할 수 있는 일은 그저
그대가 벗어놓은 젖은 옷자락을
말없이 말리는 일

내가 돌을 던진 수면에
진종일 내 얼굴을 비추다
또 하루가 저뭅니다

내게서 시작된 파문이
저물도록 그대를 술렁이게 합니다

깃들다

깃든다는 것은 한 몸이 된다는 것
날개를 벌려 누가 누군가를 품어준다는 것

죽은 나무 한 그루가 젖가슴을 풀어헤치고
하얀 속살을 물리고 있다.
어미가 젖을 물리듯이
산의 자식인 어린 벌레들이 우글거리며 몰려 와
흰 젖을 빨고 있다

저 나무, 산에서 나고 자랐으니
온전히 산의 새끼다
저 나무, 제 새끼들이 이 산에서 무성하리란 걸
어찌 알았을까?
죽은 나무 한 그루가 산에 깃드는 의식의 순간이다

나도 산의 새끼라도 된 양
나무의 가슴팍에 코를 박고 심호흡을 한다
"엄마는 이제 가만히 서 있어. 내가 안아 줄 차례야."
오래 오래 엄마 냄새를 맡는다
나무를 힘껏 끌어안아 본다

우포늪은 어미다

새의 말을 배우는 데는
일생이 다 지나갈 지도 모를 일
우포늪 다녀오는 길
저녁 하늘은 늪지와 같아
노란 어라이연꽃이 막 피어오르는 중이었다
별들이 깜박깜박 물 밖으로 부리를 내밀어
호흡을 고르는 중이었다
꼬리에 꼬리를 물고 차들이 멈춰섰다
막막한 시간 속을
어미 오리가 어린 새끼들을 거느리고
길을 건너는 중이었다
뒤뚱뒤뚱 엄마는 얼마나 마음이 다급했을까
앞에서 뒤로 주르르
다시 앞으로 주르르
미끄러지듯 채근하는 중이었다
어서 어서 이 길을 건너야만 한다고
어미 새의 아름다운 본능이
기다리는 시간을 따뜻하게 데우고 있었다
우린 잠시 어미 새의 따뜻한 깃털 속에서

온기를 느끼며 밤을 견디는 어린 새가 되어있었다
가시연꽃 속에 부리를 파묻고 잠들었을 늪지
봄날의 우포늪은 샛노란 부리들로 가득했다
어미 새가 어린 것들을 품듯
크나큰 어미 새가
물속에 둥지 튼 걸 보았다

선인장

건드리지 마라
내겐 가시뿐이니

내 얘기를 들어달라고 조를 때마다
너의 귀는 사막여우처럼 길어졌다

꽃을 피우려고
너를 사막으로 만들었다

꽃의 말

나 이미 오래 전에
귀 어두워져
그대 말 알아듣지 못하네

지심도 동백숲길에서
울컥 울음이 솟구치는 건
꽃이 안으로 들어왔다는 말

동백나무가 뱉어놓은 꽃말을
조금씩 알아듣기 시작했다는 말
그대가 숨죽여 울며 삼켜버린 말들이
지금 막 꽃으로 피어나는 중이네

내게로 와 허리 굵은 동백나무가 된
사랑아
그대가 귀 먹고 내가 귀먹어
먹통인 우리 사랑도
어느 땐가는 꽃을 피우리

마음의 지평을 열어
지심도 가는 길
지고도 이리 오래
살아있는 꽃의 말

겨울 과수원

오래된 과수원이다
늙은 사과나무들이 지게를 내려놓은
아버지의 구부정한 어깨 같다
수많은 열매를 얹었던 가지는 휘고 휘어
지팡이를 짚듯 받침목을 고이고 있다
- 저 몸으로 여태껏 견뎌오셨다니!
터실터실 나무껍질 같던 당신의 손이 보인다
옹이가 박힌 가슴이며 가지 않은 길들이며
당신에게도 푸른 하늘을 향한
수직 상승의 꿈들은 있었으리

따스한 햇볕을 쬐며
모처럼 낮잠도 즐겨보시네요
꽁꽁 언 엄동설한의 시간
품속에서 꺼내주던
단물이 스며나던 어린 날은 가고
당신은 의자도 없이
너무 오래 벌 받듯 거기 서 계셨네요

당신의 등에서 무진장 피어나던
하얀 그 소금 꽃이
사과꽃으로 와 피어나고 있습니다
먼 이국땅에서 아버지의 안부를 물으며
소금 꽃이 눈에 들어 와
내내 눈이 아렸다는 소식에
다시 또 눈꽃이 피었습니다
우리가 먹은 달디 단 그 과육이
당신을 증발시켜 만들어 낸 소금 꽃이었다니요

나팔꽃

그리움은 생득적인 것
허방을 딛는 것은
타고 난 성품일 게다

눈을 뜨면 일처럼 허공을 향해
나는 또 눈 먼 길을 가리

죽는 날까지 오직 한 길
길이 아니라고 돌려세워도
고집이 한 생애를 끌고 가리라

그대 안에 집 한 채 지을 때까지
까맣게 그리움이 여물 때까지

누가 살다 떠난 자리일까?
화사한 상흔의 꽃자리
허무의 집 한 채

만능키가 필요해

우리 동네 열쇠전문점엔 만능키가 있다기에
저도 몇 번 애용한 적 있지요.
안에서 잠겨버린 집은 안전장치라는 게 있어
밖에서는 도무지 열 수 없다지요

이 세상엔 왜 이리 열 수 없는 문이 많을까요?
열쇠전문점 아저씨 밤낮으로 바쁘게 뛰어다녀도
아직 닫힌 집이 너무 많대요 닫힌 사람은 더 많대요.
어쩌지요? 저도 지금 긴급히 열어야 할 문이 있는데……
만능열쇠점 아저씨 고개 갸웃거리며 그 문은 아무나
열 수 있는 문이 아니라며 그냥 가시네요
세상엔 이렇게 헛걸음하게 하는 문이 더러 있지요
당신은 열쇠가 많은가요?
어디든 들어갈 수 있는 만능키가 있는가요?
사람에게서 사람에게로 건너가는 징검다리가 되는 열쇠
어디 없나요?
지금 그가 닫힌 지 한참이 되었어요
너무 오래 닫혀있을까 봐 걱정이지요

오래 닫힌 문은 벽이라는데
내내 나를 가둬두려 하던 그가
어느 날부턴가 두문불출 소식 없네요
열쇠전문점 아저씨도 못 여는 잠금장치가 잘 된 그
그를 부수지 않고 들어갈 수 있는 만능키는 없을까?
그가 닫아버린 문 밖에서 지금 나는
열쇠를 찾고 있는 중이거든요

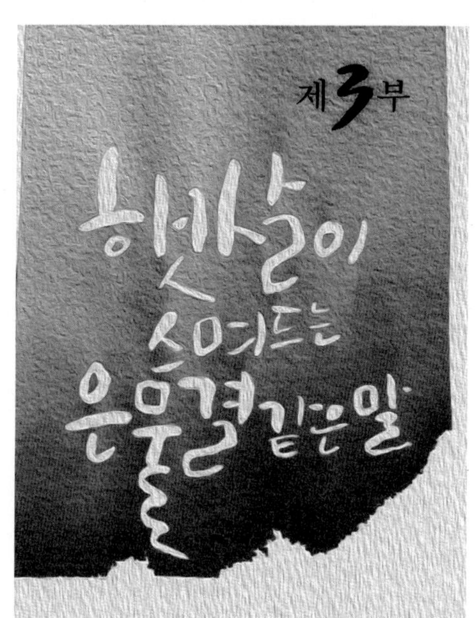
제3부
햇살이
스며드는
은물결 같은 말

옆구리가 트인 말

시로 집을 지을 때엔
옆구리가 트인 말을 재료로 가져다 쓸 일
난 무엇보다도
옆구리가 트인 말이 좋다
옹벽을 친 말은
스며들 틈이 없다
햇살이 스며드는 은물결 같은 말
노을이 스며들어 저녁이 되는 말
바람과 한 몸이 되는 말
쓰러졌다가는 다시 일어서는 말
몸뿐인 말보다는
펄떡펄떡 뛰는 심장이 들어있는 말
손을 내미는 말
발이 있어 어디든 함께 가 주는 말
귀가 있어
바닷가 파도소리를 함께 들어주는 말
몸이 있어 나를 안아주는 말
바닥이 있어 나를 받아주는 말
모서리가 있어

내가 걸려 쓰러져도 좋을 말
봄 여름 가을 겨울
사계절이 징검돌처럼 놓인 말

시 한 채 짓느라
생애가 다 지나가도 좋을 말

몸 속에 피는 꽃

봄도 아닌데
몸속에 꽃이 피네
화무십일홍이라고 그대 실실 웃고 가지만

사람과 사람이 만나
그릇 부딪는 소리를 낼 때
꽃이 핀다네

몸속의 꽃이 지던 날
그대 몸져 누웠다지
그러곤 다시 일어나지 않았다지

봄날이 다가도록 복사꽃 구경도 못가고
식음을 전폐하고 누울 실연의 시간도 다 지나간 나이에
내 몸 속에 다시 한창 연분홍 꽃이 만개하였으니
부디 꽃 도둑이 다녀가시기를

꿈꾸는 옛집

달그락달그락 바람이 문고리를 잡아당길 적마다
문풍지가 부풀어 오른다
손가락 구멍 틈으로 바람이 기어드는 옛집
쪽문이 열린 채로 겨울을 났다
집도 외로움을 타는가
아무도 찾지 않는 빈집이 사람처럼 늙어가고 있다
식솔이 불어날 때마다 금줄을 치던 대문에
거미가 금줄을 쳤다
대문 옆 오동나무는
주인 없는 빈집을 지키는 틈틈이
꽃을 피워내었다
겨우내 실눈을 뜨고 햇살 바라기 하던 목련나무
불을 밝히는 3월이면
어둡던 추녀 밑이 덩달아 환해지던 집
수막새 안간힘을 다해 집을 지키는 집
옹이가 빠져나간 부엌문을 밀치면
지금도 솔솔 밥 냄새가 흘러나올 것만 같은
꿈꾸는 옛집

눈사람과의 연애

사람을 사랑한다는 건
눈사람을 사랑하는 일이다

그대가 뜨거워지면
눈사람은 녹아내린다

그렇다고 너무 오래
그를
눈사람으로 내버려 두진 마라

그는 꽁꽁 얼어
그대에게로
한 발짝도 걸어올 수 없으니

오늘도 첫눈이 오기를 기다린다
눈사람을 기다린다

까만 맨발

고니가 둥지 밖으로 날아오른다
먹이를 찾아
고니는 오늘도 들판을 헤매다 돌아왔다

들판이 저리 넓은데
……

어둔 밤에 돌아온 고니가
날개를 접고
둥지에 웅크린 채 잠들어 있다

연봉 1800만원 계약직 일자리를 찾아
파닥이다 돌아온
어린 고니의 발바닥이 새까맣다

그의 독서

누가 뒤적이다 만 책일까?
오래 전에 누군가 읽다 만 페이지를
그가 다시 읽고 있다

정독을 하기엔 너무 식상하고
심심풀이로 읽기엔 왠지 좀 무거운 책!

백과사전도 아닌 것이
시집도 아닌 것이
꽤 난해한 '아내'라는 책을
그는 오늘도 이리 뒤적 저리 뒤적
뒤적이고 있다

나의 인생은 몇 쪽 분량이기에
저리도 오래 읽고 있는 것일까?

그 방은 아무도 살지 않는
'빈 방' 이라고
주석이라도 달아줄 걸 그랬지

썰물

볼 장 다 본 사람들끼리
서로의 바닥을 들여다보며
인생이 다 그런 거지
지금은 달이 기우는 시간
조금 때라고

이불자락을 당겨
서로를 덮어주고 있다
발이 시리지
등을 토닥이며

수평선이 찐빵처럼 부풀어 오르는 밤이다

꽃무릇

목숨 건 사랑이다
제 가슴의 불덩이로 하여 타오르고 마는
지귀의 슬픈 사랑 이야기처럼

생애 단 한 번
취할 수 없는 사랑 앞에
오오 절규하듯 자지러지는 저 고백

끝끝내 닿을 수 없는 눈 먼 사랑이여!
생애를 관통하는
아리도록 아픈 짝사랑이여!

우포

푸르고 아름다운 것들도
잎사귀 한 장만 들추면
모두가 슬프다

수십만 평
진초록 잎사귀들 사이
뇌관을 뽑아버린 저 가시연꽃

얼마나 오랜 세월
썩고 썩은 후에
생명의 늪지가 되었겠느냐

깊이를 알려고도 하지 말자
바닥을 들추려고도 하지 말자

암자줏빛 절망에 뿌리내린
푸들푸들 살아 숨쉬는
뜨거운 이 생의 욕구를

사람에게 받은 상처가 유독 깊고 푸른 계절
먼 길을 돌아온 너에게
내 상처의 치유를 조른다

쇠물닭오리 한 마리 키우지 못하는 생일지라도
살아있음을 확인하는 몸짓이 아프다
내 안의 쓸쓸한 이 늪지

해동식당

옆구리가 트인 식당이다.
해동식당 뒷길은 동해로 가는 길
옆구리가 트인 사람들끼리 저녁을 함께 먹는다
'함께' 라는 말이 좋고 '먹는다' 는 것이 따습다
숨이 칵칵 막힐 때마다 풀어낸 시편들이
쪽방을 얻던 날
참 이슬 한 잔으로 자축을 하며
시린 속을 데우던 그 해동식당
칼칼한 된장찌개며 두루치기가 일품이다
작파하지 못하고 끼고 사는 것들
시가 그렇고 사람이 그러한 날
가난한 사람들을 따습게 데워주던
따뜻한 밥 한 그릇!
옆구리에서 옆구리로 은하가 흐르는 밤
어둡고 막막한 한 시절로 하여 별들이 또록또록
눈을 뜨는 밤이다
허기조차 사라져 밥 한 술 넘기는 거조차
힘들다는 암 투병 중인 여린 한 사람
천성적인 외로움이 병을 키웠을 거라는

피골이 상접해져 아파 누웠을 그 사람
옆구리 빈 방석 하나가 내내 울컥거리는 저녁
문맥 동인지 15집이 나오던 그 날
옆구리가 활처럼 휘어지고 있었다.
초사흘을 갓 넘긴 달이 시위를 당겨
수평선 위에 쪽배를 띄우고 있었다.

주산지 왕버들

주머니 가득 돌을 담아 물속으로 걸어 들어갔을까?
그는 물속에 선 채로 요지부동이다

살아있는 것인지
죽어가는 것인지

물속의 그가
물 밖의 내게 묻고 있다

버지니아 울프의 생애를 귓속에 찰랑거리며
그는 푸른 싯귀를
온 몸으로 써내려가는 중이다

가슴께까지 슬픔이 차오른
생의 만조기를 지나
눈물이 말라가는 내게

詩란 자고로 이렇게 쓰는 것이라고
푸른 잎사귀를 돛단배마냥
자꾸만 물 위로 띄우고 있었지

해인사 가는 길

해인사 절문 밖 죽은 나무가 명패를 달고 있다
생의 이파리들을 다 버리고
껍질만 남긴 채 이끼로 도금한
저 나무 등신불

전생이 느티나무였다는 1200여 년 전
그 숲 그 바람이 출렁이는 길을
너의 등만을 바라보며 묵묵히 걸어가느니

햇살 눈부신 오후면
연꽃 속에 피어나는
해인사 팔만대장경 장경판

갈아엎어야 할 생애를 짊어지고 와
우린 또 무엇을
돋을새김하고 돌아가는 길인가

짝

추자도 바위섬 아래
꽃게 두 마리가
서로를 옆 발로 집적집적 건드리고 있다

한 놈이 건드리면 한 놈이 물러서고
그렇게 둘이는 티격태격
남몰래 눈 흘겨본다

혼자 살면 다툴 일도 없겠지만
둘이는 그래도 붙어 산다
밀고 밀리면서도 둘이는 참 좋은 맞수다

하루치

밥상 앞에 고개 수그린다
따뜻한 한 끼의 밥 앞에서
내 노동의 순도를 생각한다

고달팠을 몸을 위하여
상한 고등어처럼
비린내를 풍기는 마음을 위하여

경건히 숟가락을 든다
입 속의 밥 알갱이 같은
내 땀방울의 순도를 생각한다

푸른 심장

울산 앞바다로 가
고래의 펄떡거리는 심장 소리를 듣고 싶다
군무를 이루며
푸른 바다를 헤엄쳐가는 무리들 속에
나를 던지고 싶다

지리멸렬한 한 생애
언제부턴가
내 몸 안에서
고래의 숨소리가 들리지 않는다

한때 우리가 바다를 꿈꾸었을 때
푸른 심연 그곳에서
헤엄쳐 다니던
고래 한 마리,

멸종 위기 종,
고래 힘줄같이 질긴 사내를 만나
화끈한 연애도 한 번 해 보고 싶었지

어디로 사라졌을까
반구대 너른 바위에
사랑의 암각 문신을 새겨놓고

푸른 바다를 향해
투창을 던지던
단단한 근육질의 그 사내

나 다시 뜨거운 심장을 갖고 싶다

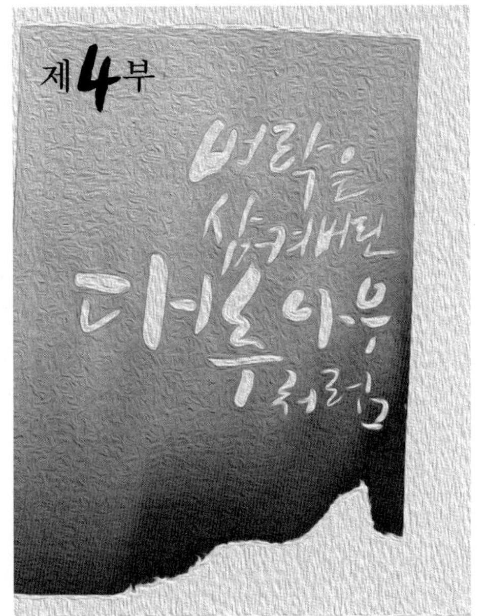
제4부
벼락을 삼켜버린 대추나무처럼

채석강

저무는 날들만을 기억하리
이별을 해야 한다면
격포항 저녁노을에 등 기대리

소금 같은 눈물은 변산반도 언저리
곰소항에다 천일염으로 쟁여놓고

내소사 전나무 숲길을 따라 걷다
아침이 오지 않는 나라에 가 닿는다면
읽다만 시집을 마저 읽으리

죄 없이 그대 사랑할 수 있다면
나 다시 노래하리
파도가 철썩철썩 볼기짝을 후려치면
나 기꺼이 매 맞으리

그대는 수평선 저 너머에 있고
썰물이 지나간 자리에서
다시 물이 들어오기를 기다리며

오래 오래 숨을 참으리

죽은 듯이 엎디어 바닷물이 쓸고 간
그대 발소리를 기다리리

사랑을 다시 쓸 수 있다면
격포항 저녁놀에 기대어
생의 마침표를 찍으리

주름을 헤아리다

얼마나 깊은 곳에서 떠밀려 나온 것인지
몸 밖으로 밀려나온 저 물살들
풍덩풍덩
어머니 가슴에 던진 수많은 돌들이
이제야 몸 밖으로 밀려나오는 중이다
몇 개는 어른이 된 후에도 던졌다
돌아누울 때마다 운판을 건드리듯
신음소리가 삐어져 나오곤 했지
어머니의 몸속엔 분명
운주사 와불 같은 돌탑이 들어있을 거야
오늘도 강가에 나와
어느새 바람과 한 몸이 되어버린
물주름 많은 당신의 얼굴을 만져본다

미나리아재비꽃

사무친다는 것은
너의 빛깔로 내가 물들고 싶다는 말
마음이 마음을 관통한다는 말

아슬아슬 아지랑이 이는 봄날
어지럼증처럼 다녀가는 얼굴
먹을 수 없는 사랑의 독성이다

다시는 가 닿을 수 없으리
멀뚱멀뚱 그저 멀리서
남처럼 바라볼 뿐

어디선가
슬하에 자식을 거느린 남의 집 가장이 되어있을
그 사내

남으로 살아야 한다는 아픈 자각
치사량의 그리움
첫사랑, 그 미나리아재비꽃!

빈 말

- 어버이날에

–이제 그만 거두어가지 않고서
언 땅도 녹아 구덩이 파기 좋을 때
호박구덩이 파듯 나도 고만 묻어주면 좋을 터인데
칠 순 넘은 노모 입버릇처럼 하던 말

–이제 살만큼 살았는데
오지게 밥 한 그릇 비우다가도
자식들 오는 날이면 몇 순갈 뜨고 밥순갈 내려놓더라는 뒷얘기
빈 말 한 자루가 사나흘 밤낮 식솔들 굶주린 배를 먹여 살린다

–자식이 주렁주렁한 뒷집노인도 노인전문병원으로 갔다더라
노잣돈 든 통장 애지중지 자식들 몰래 불리고 있었다는
빈 포대에 남겨진 옷가지처럼
쓸쓸한 뒷얘기

–우리 거두어주신 시간만큼만 되돌려드릴게요
그 빈 말 따사로이 껴입고 길 떠나신 어머니

봄날

들길을 걸으며
그 동안 잊고 살았던 초등학교 동창들 이름 같은
하늘타리 쇠뜨기 쇠비름 명아주 지칭개
이런 정다운 이름들을 불러봅니다

눈이 부셔서 마주볼 수도 없는 계절
눈을 돌리는 곳마다 초록입니다
갑자기 말이 많아진
오리나무 신갈나무 사스레나무처럼
초록 일습을 갖추고 전화를 겁니다
수다를 늘어놓습니다

깽깽이풀 꿀풀 쪽풀
얼굴이 아슴아슴 지워져버린 얼굴도 있지만
만나면 금방 알아보겠습니다

모두들 다들 참 열심히 산다는 소식을
전해 들으며
이만 전화를 끊을 게요

오월이 눈앞인데
아직 두문불출 중인 분 없지요?

장마

태풍에 오동나무 허리가 부러졌다
딱따구리가 그 주변에서 한참을 울다 갔다
오동나무 속이 딱따구리 둥지였다
까만 허공이었다
누구에겐가 저렇게 속을 다 내어주고
쓰러진 사람을 본 적이 있다
까맣게 그을음 묻어나는 부엌에서
늦은 저녁을 준비하던 희미한 그림자
어미는 내내 빈 둥지를 품고 살던 나무였다

어두컴컴한 한낮
어디를 어떻게 건드렸는지
누수가 멈추지 않는다

좌천역

바닥이 어디인가
궁금해지는 날
동해남부선을 타고 가다
'좌천' 이라 안내방송 들리면
내 한 번 내려보겠네
그대여
얼마나 더 바닥을 내보여야
우린 마침내 하나가 될 수 있을까

두 갈래의 길이
서로 교행하기 위해
잠시 갈라졌다 다시 만나는
좌천역
가야할 길 멀어 오래 머물 수는 없어도
구름이 서성이다 지나가듯
그 간이역에 마음 한끝을 내려놓아보고 싶네

너와 나
우리가 잠시 머물다 가는 이 지구별도

아름다운 간이역
그대여 나 오늘은 바람꽃처럼 머물다 갈 지라도
이 다음 생엔
뿌리 튼튼한 나무로 태어나
그 간이역 마당에 서서
그늘 깊은 나무로 늙어가고 싶네

과메기

내장은 빼버리기로 했다
빛나던 비늘도 지느러미도 본디 내 것이 아니니
모두 다 버리기로 했다
말은 물거품과 같아
오래도록 묵묵하리라
틈이 나면
오래 오래 수평선을 바라보리라
내 기꺼이 귀 눈이 캄캄해지는 슬픔을 맛보리라
가시도 뼈도 다 버린 뒤
말없이 그대에게 스며들어 보리라
푸른 바다와 빛나던 노을이며
은빛 눈부신 오후를 기억하리라
폭풍 속의 고요를
실눈을 뜨고 오래도록 바라보리라
꼬장꼬장 말라붙어버린 꿈을 접고
내 기꺼이 비린내를 풍기는 세상살이를
온 몸으로 은유하리라
그대에게 가 닿았을 땐
슬픔도 꾸덕꾸덕 말라있으리

무쇠솥 부처

어느 조용한 절집 한 구석 담장 가에
면벽하듯 담장을 향해 앉아있는 무쇠솥 세 개
삼불이다

일 년 삼백육십오일 중에 삼백 예순 날은
녹이 제 몸을 갉아먹지 않도록
묵언 정진하였으리

캄캄한 아궁이에 소신공양하듯 장작에 불을 붙이면
밥물이 끓어오르는 동안 무쇠솥은
살아있는 부처가 되리

바람에 흔들리는 풍탁처럼
캄캄한 허공을 태우며
허공을 몰랐다면 슬픔도 없었으리

경전 한 권 읽지 않아도
밥물이 끓어오르기를 기다리며
불기를 다스리는 저 무명의 정진

늙은 낙타

쓸쓸한 뒷골목 어디쯤을 배회하다 온
바람과 바람이 술잔을 부딪친다
사람의 냄새가 술처럼 익어가는 저녁이 오면
비루하거나 남루한 모습으로 찾아들어도
허물이 되지 않을 어둑어둑한 공간 속에서
사람들은 저마다 가슴의 현을 켠다
술잔을 부딪는 사이
팽팽한 현이 느슨해진다
우리 모두는 가슴에
저마다의 악기를 하나씩 가지고 있다
오늘 내 앞에 앉아있는 당신은
시집을 뒤적이며
저음의 묵직한 슬픔을 연주하는 중이다
가슴의 현을 울릴 줄 알아야 시인이라는데
터벅터벅 홀로 사막을 건너 온
그대의 입 안 가득 모래 알갱이가 버석거린다
그대는 곧 사막 같은 시를 세상에 내놓을 것이다
그대가 키우는 어린 선인장은 아직 가시가 돋아나지 않았지

눈이 맑은 그대가 어둠을 읽으면
이 저녁 달이 뜨리라
어두워진 사람들 가슴에 별이 돋아나리라
모든 사람들이 가슴에 별을 키우는 세상에선
그리운 사람 하나쯤 가슴에 품고 산다 해도
죄가 되지 않겠네

늙은 낙타 2

한 때는 모래사막이
길이어서
모래 바람 부는 언덕을 뚜벅뚜벅
제 집인 줄 알고 드나들기도 했다
축 늘어진 눈꺼풀이며
멀어져 가는 귀
지그시 눈을 감고
모래 알갱이가 버석거리는 입안에
시를 우물거린다.
이제 그는 사람 속에
집 한 채를 짓고자 한다
입김을 내뿜으며
굽은 등에 낡은 폐지를 싣고
일용할 양식을 찾아
골목길을 돌아드는
늙은 낙타!
이제 그는 그의 온기로 남은 날들을 견뎌야 한다
그 어디에도 그의 몸을 단단히 묶어두었던
고삐는 사라지고 없다

뚜벅뚜벅
먼 풍경이 되어
시야에서 사라져가는
늙은 낙타!
오래지 않아 그는 가고
그가 걸었던 길만이 그를 기억하리라

청사포 마을

햇살 맑은 날엔
그 여자
쪽빛 바다를 염색한다
수평선을 마당에 걸어놓고
쪽빛 바다를 말린다
파랑주의보가 내리면 쪽빛은 안으로 스며든다
수십 년 바다를 옆구리에 끼고 살다 보면
웬만한 바다 말은 다 알아듣게 된다고
켜켜이 접어놓은 쪽빛 바다를 꺼내어 마름질 한다
바다 같은 사내랑 동거 동락하며
사는 일이 내내 상처에 소금 뿌리는 거였다
길길이 날뛰던 칼칼한 사내도 도다리처럼 누웠다
둘인 듯 하나인 듯 서로에게 스며드는 중이다
햇살 눈부신 바다와 파도 소리를 염색하며 사는 사이
그녀는 어느새 쪽빛 바다가 되어 있다
그녀는 바다에 나가 있는 날이 많고
지붕 낮은 그 집 마당으로 바다가 마실 와 펄럭인다
수평선이 출렁거린다

일 상

나의 시간들이 세제처럼 녹아들어
흔적도 없이 사라진다
남은 것은 지워지지 않는 얼룩 몇 점
코드는 꽂혀진 채 다음 차례를 기다리고 있다

집안 구석구석에서 들리는 기계들의 숨소리
닦아도 닦아도 쌓이는 먼지

나는 중력 속에 놓여있다
보이지 않는 자력에 둘러싸여 있다

회로의 어디쯤 고장 난 나의 칩
나는 나의 기억력을 믿을 수가 없다

나는 부식된다
나는 조만간 폐기 처분 될 것이다

나의 하루가 반도체 칩 속으로 함몰한다

나는 증발되고 없다

다시 갱(更)

얇은 놋숟갈을 들고 감자를 깎던 어린 날 있었지
그 땐 성격이 좀 뭉툭하기도 했으려나
세상에 나가 숟가락질을 하게 되면서
나는 자주 나의 숟가락질 법에 대해 의문이 생기곤 했었지

나이 들면서 성격은 자꾸 얇아지고
몸은 자꾸 뭉툭해져 가더니
어느새 울림이 사라진 나이
갱년기

다시 갱更!
무엇을 다시 시작해야 하나
엄두가 나지 않는 사이
가물가물 기억은 멀어지고
서러운 것들만 햇잎을 달고 나와
나는 자주 파릇파릇해지곤 하는데

울컥, 눈물은 참 체면도 없이 솟구치고

나는 자주 말을 잃는다
온 몸에 숟가락을 달고
햇살을 떠먹는 나무의 숟가락질 소리처럼
어린 자식이 자라
숟가락을 만드는 중이다

붉은 손

외로워서 눌렀다는
119!

심장이 뛴다고
아직 살아있다고

붉은 손으로 눈시울을 닦는
그녀는 한 그루 단풍나무다

단풍나무는 끝없이 누군가에게
악수를 청한다

우리 모두는
단풍잎 같은
붉은 손을 가졌다

가릉빈가

천년 세월이 한 길 깊이라면
이 내 사랑 그대 가슴에
다녀간 흔적이라도 남겨두어야지
그대와 나의 인연은 얼마나 오랜 세월
흐르고 또 흘러야 빛이 바랠까
누구의 언약인가
사람은 가고
수막새 기와 쪽에 새겨놓은 가릉빈가
단청 고운 가을 나무에 기대어
그대가 새여도 좋고 내가 사람이어도 좋을
사랑이라 이름 하면 재가 되고 마는 슬픈 인연
나 아직 세상의 이 끝에서
달게 벌 받아야 할 형벌 남아있어
반인반수의 몸으로 살아가야 하는 것을
그리운 옛길
분황사 옛 절터 발굴지에서
푸드득 날아오르는 날갯짓 소리

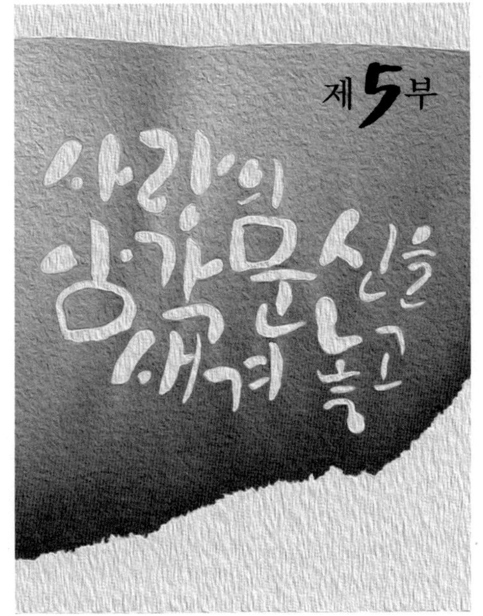
제5부
사랑의
암각문신을
새겨 놓고

빼곡하다

저 많은 책들을 언제 다 읽나?

대하소설을 읽듯
한 때 읽어나가던 사람도 있었으나
나는 지독한 난독증 환자

단행본 시집 같은 사람을 만나고 싶다
주머니 속에 쏙 들어가는
다정다감한 애인 같은

덮어두었다가 다시 읽어도
감칠맛 나는
그런,
그런 인생을 만나고 싶다

사람이 곧 시라기에
그 길 찾아
다시 길을 떠난다

그리운 바닥

지금이 바닥이라고
바닥을 치는 중이라고
절망에도 바닥이 있어야
딛고 일어날 수가 있지
벼랑을 타고 기어오르는 담쟁이는
절벽이 바닥이다
아궁이에 군불을 지피며
집으로 돌아올 어린 발을 기다리며
세상의 모든 아버지는 지금도
바닥을 달구는 중이다

많이 힘들지?
그 말 대신에
장작을 패고 도끼날을 벼리며
어린 손바닥이 자랄 때까지 기다려주는 게다
(다들 그렇게 견디며 사는 게라고)
아버지는 기꺼이 지팡이가 되려 한다
세상의 모든 아버지는 어깨에 숨은 훈장을 달고 산다
(묵묵히 그리고 굳게)

신음소리가 새나오지 않게
아버지는 자꾸만 근엄해지는 것이다
세상의 길이 되고 싶었던 아버지는
이제 너무 늙어 아버지를 돌볼 기력조차 없다
바닥에 가만히 누워 허공을 응시한다
산다는 건 허공에 집짓기
그토록 그리워한 바닥에 등을 대고 누워
모처럼 긴 휴식에 든다
긴 숨 내쉬며
마침내 열린 동공을 닫는다

꽃이 지는 속도

꽃이 피는 속도로
사랑은 온다

아무도 사랑할 수 없는 사람은
꽃을 피운 적이 없거나
꽃을 피운 기억 때문이다

우리는 날마다
저마다의 속도로
죽음을 향해 나아가고 있다

꽃이 지는 속도로
사랑이 지나가고 있다

노루귀

누가 너에게 이리도 서러운 귀 하나를 주셨을까

바스락
나뭇잎 발자국 소리에 놀라
동그랗게 눈뜨고 내다보는 너
온 몸이 귀로 되어 있다

그저 갖고 싶은 것은
목 적셔 줄 물 한 바가지
그리고 귀를 틔워 줄
바람 소리였을 뿐

누가 내게 이리도 서러운 귀 하나를 주셨을까

손님이 다녀가셨다

초대하지 않은 손님이
느닷없이 나타나
서라벌 저자거리를 떠나지 않고 있다.
떠났는가 안도의 숨을 내쉬면
다시 나타나
크르릉 크르릉
낮밤을 가리지 않고
불쑥불쑥
생을 갈아엎고 있다

2016년 9월 12일 경주시 내남면에 불쑥
나타난 진도 5.1, 5.8
아무도 초대하지 않은 그 손님
그가 지나간 여운은 길고도 길어
한 달이 지나도록 흔들리고 있다
언제 다시 불쑥 나타날지 모르는 그 손님 때문에
마음이 중심을 잃고
덩달아 흔들린다

생각의 집들이 돌쩌귀가 어긋나고 뒤틀리고
금이 가고 있다.
손님이 다녀간 후로
생각이 참으로 단순해졌다
모든 게 한 순간
언제 불시에 찾아올지 모르는 그 손님 생각

찌라시

영 할 말이 없는 것은 아니고
그렇다고 누구 앞에 당당히 나서서 말할 용기도 없고
남 앞에서 할 말 못하고 우물거리는 이 있다면
당당히 나를 이용하라
좀 비겁하긴 해도 메시지는 들어있으니
우물쭈물 거리며 여기까지 왔다면
입 속에 가득한 말들로 하여 붐빈다면
나 기꺼이 동행하겠네.
나는 불특정다수를 겨냥해
슬그머니 소문을 몰고 다니지
그렇다고 시정잡배는 아니니
휘돌리진 마시기를

시가 시답지 못하면
찌라시가 된다

게르

별을 보러 가야겠네
누군가의 연애사 같은
냉정과 열정 사이를 오르내리는
몽골 사막에서
몽골 여자가 되어
바람의 말을 번역하겠네

장정들이 삼삼오오 모여
뚝딱뚝딱 한 채의 집을 짓는 동안
나는 양들의 젖을 짜고
저녁을 준비하겠네

아코디언 같은 밤은 와
게르 밖에선 별들이 사태 져 내리고
잠이 많은 나는 모래알갱이 같은 시를 쓰는 대신에
만월처럼 둥근 바닥에 누워 단잠을 자겠네

오돌오돌 소름이 돋을 때까지
말똥말똥 두 눈을 뜨고

모래알갱이와 별들이
누가 더 많나 내기한다는 그 곳으로 가
별을 세다 잠이 들었으면 좋겠네

사는 데 필요한 최소한의 것만을 챙겨
별이 주먹만 하게 머리 위에 주렁주렁 열린다는
사막의 그 과수원으로 가
별을 따는 까무잡잡한 몽골 여자가 되겠네

봄동배추

언 손이지만
그 얼굴을 한 번 만이라도 만져보고 싶었다지
잘 견뎌주어서 고맙다고
다시 만난 첫사랑에게 고백의 말을 했다지
어깨 한 쪽을 내 준 채로
밤바다를 겨울과 봄 사이를 거닐었다지
겨울 엄동설한에도
모든 첫사랑은 얼어붙지도 않고 싱싱하다
속의 것을 다 펼쳐보여도 부끄럽지가 않다
이것 하나만 올라가도 상이 푸짐하다
사가사각 사각사각
모든 풋사랑엔 밤새 푸성귀를 갉아먹는 애벌레 소리가 난다
황순원의 소나기가 지나가고
알퐁스 도데의 스테파네트 아씨가
목동의 어깨에 기대어 잠들 무렵까지 이어지는 이야기처럼
아삭아삭 아싹아싹 씹어 먹던 어느 수필가의 풋사랑도 끝이 나고

밤하늘에 푸릇푸릇 수염처럼 돋아나는 별

그 시절 나는 봄동배추가 아니라 속을 꽉꽉 쳐 맨 포기배추였다

박하사탕

문을 닫았는지 현상유지는 하고 있는지
먼지가 반 물건이 반인
낡고 오래된 구멍가게의 손님으로
낡은 문지방을 밀고 들어가
두리번두리번
유통기한이 한참 지난 사이다를 한 병 사서
뚜껑을 땄다

탁 쏘는 맛이 아직도 조금 남아있는
첫사랑 같은
하얀 거품이 입가에 몽글몽글 맺히던
뚜껑을 따면
아직도 혀끝에 미각이 살아있는
나의 이십대 첫 경험한 쓴 커피 맛 같은

낡고 오래된 구멍가게를 지나왔다
생각이 몇 번 더 뒤돌아갔다
신발을 고쳐 신고 겨우 가던 길을 따라갔다

입안이 옛 생각으로 화해지는 순간

별정우체국

누구에게나 별정우체국 하나씩 있지
마음이 서러운 날
어딘가로 띄워 보내곤 하던 안부들
운주사에 가서 보았지
하늘의 북두칠성이 내려와
올라가지 못하고 와불 곁에
다탁을 차리듯이 놓여있던 흔적을
가을꽃 향기가 앉았다 간 자리에
햇살이 별처럼 반짝이는
그리움은 일곱 무지개

누가 빚다만 흔적인가
산을 깨워 미륵불을 불러내던 사람아

누구에게나 별정우체국이 하나씩 있지
가 닿지 못할 곳
부치지 못한 편지들
들꽃으로 피어나는 가을 이야기들
얼굴이 생각나지 않는 첫사랑처럼

잔디밭에 나와 햇볕을 쬐는 돌부처
깨어진 이마에 옥도정기 같은 단풍 들던 날

전설처럼 익어가는 사랑도
다듬다 만 첫사랑도
이쯤에선 입을 다물게 한다
귀도 캄캄 눈도 캄캄
운주사 와불처럼 누워있는 사랑을 떼 매고
집으로 돌아가네

부드러운 혁명

꽃이 피는 것도 알고 보면 혁명이지요
새싹이 큰 바윗돌을 밀며
푸른 주먹을 밀어 올리는 것 또한
혁명이지요
어린 새가 맨 처음 날개를 파닥이며
허공으로 날아오르는 것도
파문이 지는 그 모든 것을 나는 혁명이라 부릅니다
가슴이 허공인 당신이
또 다른 허공을 품고 사는 내게 보내는
작은 그 파동도 실은 얼마나 큰 혁명인지요
꽃잎을 떨구는 몸짓 또한 얼마나 부드러운 혁명인지
꽃잎의 몸짓을 받아 적는 시인의 눈빛은 또한
얼마나 강렬한 메시지인지
꽃들이 일제히 구호를 외치듯
꽃밭을 점령했어요

알고 보면 세상은 온통 부드러운 혁명으로 가득하지만
아무도 구호를 내걸지 않아요
헛된 공약을 남발하지 않아요

사람의 마을에 난무하는 그런 혁명 말고
자연의 부드러운 혁명에 물들고 싶어요

불량한 세상

더 이상 조여지지 않는다
꽉 깨물고 서로를 놓지 않을 때
비로소 한 몸이다

더 이상 조이지 마라
넘으면
나사는 헛돈다

조이고 또 조인다
더 이상은 안 된다고 소리쳐도
아무도 듣지 못한다

나사들이 헛돈다

민박

나의 우체통을 이젠
새 둥지로 내어놓아도 좋겠네
드문드문 안부를 묻던
당신의 안부도 이즈음엔 뚝 끊기고
친구들의 수다도 잦아드는 나이
암막커튼을 치지 않아도 캄캄한 내부에서
너는 알을 낳고 새끼를 쳐도 좋을 일
누구의 바깥이 되어준 기억도
누군가의 등을 안아준 일도 까마득해서
아스라한 그 곳에 둥지를 얹어놓고
일생을 견뎌도 좋을 일
눈 먼 사랑을 하기에는 이미 철이 들었고
비릿한 계산법은 아예 서투니
나의 우체통을 새들에게나 내어주면 좋겠네.
어쩌다 생각난 듯 당신이 우체통을 열어보곤
어린 새끼들이 당신 새낀 줄 알고
좋아해도 좋을 일
사랑을 하기에도 시들해지는 때이니
나의 문패 대신 새발자국을 새겨줘도 좋을 일

내가 집을 비운 날
새들이 와서 자고 가도 좋겠네.
새들이 제 집인 줄 알아차릴 때가 되면
슬며시 놓여나와
날개 없는 내가 가끔씩 새 둥지에 민박해도 좋을 일

쑥지환

강화도 다녀오는 길이다
토굴면벽은 못하여도 하루 저녁
집 나가 면벽하고 오는 길
내 몸에서 마늘 쑥 냄새가 난다
쓴 약을 삼키는 하루 또 하루
백날을 견디노라면
내 몸에서 마침내 사람의 냄새가 빠져나가고
다시 곰 한 마리로 돌아갈 수 있을까
나 다시는 그 토굴 속으로 들어가지 않겠네
모두가 헛꿈
누가 한 다발의 쑥을 머리맡에 가져다 놓았나
육 쪽 마늘 몇 접을 택배로 부쳐오셨나

나 다시는 마늘과 쑥 근처에도 가지 않겠네
인간에 대한 최소한의 예의가 그리운 날

후기

다시 여백이다
행간이 넓어지는 계절이다

마음의 어느 부위가 금이 갔는지
자꾸만 신음 소리가 새어 나온다
아픈 곳이 많다

산사의 저녁 종소리를 담아내고 있던
작은 질항아리처럼
마음이 텅 빈 항아리가 될 때
비로소 시를 담을 수 있을 것 같다

서리가 내리는 늦가을
아픈 이야기도 절이 삭아
사람 사는 마을의 풍경은 서럽도록 아름답다

텅 빈 가슴을 휘돌아 흐르는
가을 강 물소리는 종소리를 닮았다
멀리 있는 형제가 불현듯 보고 싶다

더 먼 곳에 가 계신 엄마 아버지가 그립다

산중 독가촌 같은 시
집짓기 공사가 얼추 끝나가고 있다
추위가 닥치기 전에 바닥에 불을 넣을 수 있기를

짬짬이 눈을 들어
멀어져가는 것들의 뒷모습을 바라본다

福자가 쓰인 사발에 시를 고봉으로 담아
소반에 올려본다
찬은 없지만 많이 드세요

산골 독가촌 같은 시집 한 채

빈 집인가 하면
누군가 살고 있는 흔적이 있다.

추녀 끝에서 젖은 옷이 마르고
울타리도 없는 마당에
꽃밭이 환하다

무너져 내릴 것 같은 낮은 누옥
집 밖으로 지워질 듯 열린 오솔길 하나가
풀잎에 지워졌다가는 열리고
닫혔다가는 다시 열린다

마음이 머물다 온 궤적을 따라
그믐달 같은 시편들이
돋아나곤 했다

추위가 닥치기 전에 겨우
비를 피할 지붕을 얹고
벽과 바닥을 만들었다

무인주막 같은
빈 밥상에
시집 한 권

맑고 깨끗한 시의 집에 살고 있는 詩
- 황영선 시인의 작품과 그 서정적 이미지

정 민 호 (시인, 국제PEN 이사)

~~~~~~

[1] 들머리에서

황영선 시인은 1997년 월간 《詩文學》을 통해서 문단에 데뷔했다. 그는 그동안 꾸준히 작품 활동을 해 오다가 2010년에 첫 시집 『우화의 시간』을 내더니, 각종 문학상을 받고 문단에 만만찮은 활동을 했으며, 각종 동인에도 참가하여 눈부신 활동을 해왔었다.

이번에 내는 시집의 작품들을 우선 살펴보아도 그가 시에 붙이는 제목부터가 다른 시인들보다 다름을 알 수 있다. 그는 맑고 깨끗한 시인의 집에서 나름대로 남이 부러워할 정도의 작품을 쓰고 있음을 알게 되었다. 그의 시는 내용으로 보아서 다음과 같은 특징을 들 수가 있다.
~~~~~~

첫째, 그의 시는 정갈하다는 것.

둘째, 그의 시 제목은 그 격이 다르다는 것.

셋째, 그의 시는 시대적 아류에 휩쓸리지 않고 시의 본령을 지키고 있다는 점이다. 이것이 황영선 시인이 격조 높은 작품을 쓴다는 장점으로 들 수 있다.

요즈음 우리 문단에 알려진 젊은 시인들이 그의 시에 붙이는 제목과 황시인의 것과는 확연히 다름을 알 수 있다. 예를 들면, **옆구리가 트인 말, 우포늪은 어미다, 다시 갱(更), 몸속에 피는 꽃, 부드러운 혁명, 주름을 헤아리다** 등등, 대충 이런 제목들이다. 나는 이런 제목에 이끌려 내용을 읽어보았는데, 역시 제목과 내용이 일치하며 모두가 그다운 개성 있는 작품이란 결론을 내렸다. 이것을 다시 정의 내리면 인간이나 시가 모두 그 겉과 속이 일치한다는 것이다. 물론 예외의 작품이 없는 것은 아니지만, 내가 본 황영선 시인의 시는 인간과 시가 일치한다는 것을 알게 되었다. 그래서 위에 적은 제목의 시들을 살펴보기로 했다.

1) '옆구리가 트인 말' 들

시로 집을 지을 때엔
옆구리가 트인 말을 재료로 가져다 쓸 일,
난 무엇보다도

옆구리가 트인 말이 좋다
옹벽을 친 말은
스며들 틈이 없다

– '옆구리가 트인 말'

사람이나 시작품이 너무 완벽한 것은 융통성이 없다. 그 이상 더도 덜도 들어갈 틈이 없으니 발전은 더욱 기대할 수 없다고 할 것이다. 이것은 그 시인이 앞으로 대성할 것이냐 말 것이냐 하는 문제가 될 수 있기 때문이다. 이것은 그 시인이 쓸 수 있는 시적인 여력을 말하는 것으로, 그것은 그 시인의 능력과도 관계가 된다는 말이다.

지금까지 한국문단에 살아남은 사람들은 모두가 그 나름대로의 틈과 여유를 두고 작품을 써 왔던 사람들이다. '이상' 이 그렇고 '김수영' 이 그랬다. 가까이는 미당 서정주가 그랬고, 조지훈도 그랬다. 더구나 여류시인이었던 모윤숙은 차원 높은 틈과 여유를 가졌던 인물이요 시인이었다. 그들은 시만 그런 게 아니고 인간 자체와 사회활동에도 틈 있고 넓은 여유를 가진 시인들이었다. 황영선 시인의 트인 말이 어떤 것인지 다시 한 번 살펴보기로 하자.

햇살이 스며드는 은물결 같은 말

노을이 스며들어 저녁이 되는 말
바람과 한 몸이 되는 말
……생략……

시 한 채 짓느라
생애가 다 지나가도 좋을 말

－'옆구리가 트인 말' 에서

위의 시어詩語들은 모두 여유 있고 틈이 있는 말들로 제자리를 차지하고 있다. 이렇게 여유 있고 틈을 가진 시라야 비로소 자기의 시어가 되어 제자리에 박혀들게 된다. 이렇게 이루어진 시가 나름대로 그만큼의 스케일(scale)을 가지며 살아 있는 시가 될 수 있을 것이다.

2) '우포늪은 어미다' 에 나타난 시적 기교

잠시 어미 새의 따뜻한 깃털 속에서
온기를 느끼며 밤을 견디는 어린 새가 되어있었다
가시연꽃 속에 부리를 파묻고 잠들었을 늪지
봄날의 우포늪은 샛노란 부리들로 가득했다
어미 새가 어린 것들을 품듯
크나큰 어미 새가
물속에 둥지 튼 걸 보았다

－우포늪은 어미다' 의 일부

우포늪은 경남 창녕에 있는 이 지역 생태계의 보고 알려져 있다. 이 늪은 물속에 살고 있는 온갖 동식물을 길러내고 생식시키는 어머니 배속 같은 존재다. 시인의 가슴속에도 시를 생산해내는 보고의 역할을 해야 한다는 뜻이다. 그래서 황영선 시인은 '우포늪은 어미다' 라는 제목으로 좋은 시를 쓰고 있었다. 사실 시인은 한편의 시를 쓰기 위해 온갖 노력과 인내를 다하여 겨우 한 편의 시를 얻어내는 것이다. 그 산고는 이만 저만한 고통이 아닐 것이다.

우포늪은 어머니의 자궁과 같다. 자궁에 의하여 모든 생물들이 생성되고 살아나가고 자라나고 있다는 것이다. 이것으로 이 시인의 시적 기교와 사고와 저력을 인정받는 것이다. 다음의 시를 읽어보아도 이 시인이 우포늪에서 얼마만한 시적 호흡을 하고 온 것인지를 잘 알 수 있다.

새의 말을 배우는 데는
일생이 다 지나갈 지도 모를 일
우포늪 다녀오는 길
저녁 하늘은 늪지와 같아
노란 어라이연꽃이 막 피어오르는 중이었다
— 이하생략 —

3) '다시 갱(更)' 이란 제목의 시

제목이 멋지고, 뭔가 다시 생각하게 하는 그런 제목을 붙이고 있다. 많은 시를 써보았고 많은 시를 읽어보아도 이런 제목의 시는 처음 읽는다. 이 제목은 한자에서 빌려온 것이다. 〔更:갱〕은 '다시' 라는 뜻을 지닌 글자이면서 음의 변화도 다양한 글자다. 흔히들 여자들이 많이 쓰는 말인 '갱년기' 기라고 쓰는 그 '갱' 자인 것이다. 이 말은 물론 한자에서 시작된 말이지만 황영선의 시에서 제목으로 이렇게 묘하게 사용할 줄은 몰랐다.

다시 갱更!
무엇을 다시 시작해야 하나
엄두가 나지 않는 사이
가물가물 기억은 멀어지고
서러운 것들만 햇잎을 달고 나와
나는 자주 파릇파릇해지곤 하는데

참 간결하고 멋진 시행詩行이다. 행간行間을 채워주는 이 말은 시인이면 항상 새롭게 시작해야 한다는 말이다. 이것이 '다시(更)' 한다는 말이다. 그리고 새롭게 출발을 한다는 의미인 것이다. 어제는 오늘이 아니요, 오늘은 또 내일이 아니라야 한다는 말이다. 항상 새롭게라는 말인, 일신우일신日新又日新이 바로 이런 것을 말하고 있는 것이다. 그런데, 무엇을 어떻게 다시 해야 하고 새롭게 해야 하는 것인지가 문제가 될 것이다. 다시 시작할 수 있는 근거, 그것이 새로운 자기시의 새로운 발전인 것이다. 황시인은 이런 정신으로 시를 쓰다면 반드시 좋은 시를 다시 쓸 수 있을 능력을 가진 시인이란 것을 넉넉한 마음으로 주시 할 수 있게 되어 반갑다.

다시 갱更!
무엇을 다시 시작해야 하나

하고 그는 항상 새로운 생각으로 새로운 시를 시작하려는 마음의 자세에 임하고 있다. 그래서 그는 앞으로 좋은 시를 반드시 쓸 수 있을 것이라는 믿음을 주게 되어 역시 반갑다.

온 몸에 숟가락을 달고
햇살을 떠먹는 나무의 숟가락질 소리처럼
어린 자식이 자라
숟가락을 만드는 중이다

그는 이렇게 새롭고 좋은 시를 쓰기에 고민하고 있다.
/ 온 몸에 숟가락을 달고 / 햇살을 떠먹는 나무의 숟가락질소리

/여기에서 그는 새로운 시의 시도를 한없이 저울질하고 있다는 사실이다. 이렇게 시작에 임하는 그의 마음의 자세가 넉넉하다는 생각이 들어 한없는 박수를 보낸다.

[2] 황영선은 이런 시인이다

1) 시력 20년

황영선 시인은 그가 등단한지가 벌써 20년이나 되는 연륜을 가졌다. 시적 연륜이 20년이면 시 인생의 중반기에 접어든 셈이다. 그것도 한국 유명 시전문지 《詩文學》으로 등단했다는데 나는 그를 일단 믿는다. 앞으로 좋은 작품을 쓸 수 있는 모든 여건을 갖춘 시인이라는 생각이 들기 때문이다. 더구나 여기 '몸속에 피는 꽃' 은 그의 시의 저력과 앞으로의 화려한 결실을 이미 예고하고 있다고 할 것이다.

봄도 아닌데
몸속에 꽃이 피네
화무십일홍이라고 그대 실실 웃고 가지만

사람과 사람이 만나
그릇 부딪는 소리를 낼 때
꽃이 핀다네

황 시인의 시적인 꽃은 절대 '화무십일홍' 이 아니다. 말 그대로 아름다운 꽃으로 열매 맺을 것이다. '뿌리 깊은 나무는 꽃이 아름답고 좋은 열매를 맺는다.' 고 이미 '용비어천가' 에도 말을 했다. 그래서 황시인은 아름다운 꽃을 피울 수 있는 조건을 갖춘 시인이라고 앞에서 이미 내가 밝혔다. 그의 시적 소양이나 능력을 보아서 절대 '화무십일홍' 으로 끝난다고 걱정을 하지 말라. 더구나 그는 **/ 사람과 사람이 만나 / 그릇 부딪는 소리를 낼 때 / 꽃이 핀다네.** / 하고 그는 그의 자신감을 피력하고 있다. 시는 혼자 쓴다고 하지만, 그 시가 생성되는 과정은 인간과 인간 사이에서 이루어진다는 시적인 비결을 그는 이미 알고 있는 듯하다. 시의 본체는 인간〔사람과 사람 사이〕에서 비롯되는 것이다. 옛날 은사隱士들이 자연에 은둔하면서 자연을 노래하는 그런 시와 지금의 시는 다른 것이다.

그는 시를 쓰면서 많은 실망도 했으리라. 시 인생 20년에 어찌 실망이 없었으랴. 시를 안 쓰고 다른 일을 이만큼 노력했으면 무언가 큼직한 하나를 잡을 수도 있었으련만, 그러나 그것이 그의 인생에 무슨 소용이 있었으랴! 끝나고 나면 후회뿐인 것을-. 시인은 평생토록 시를 써도 후회하지 않는다. 그것이 시인이 가지는 마지막 자존심이다.

몸속의 꽃이 지던 날
그대 몸져 누웠다지
그러곤 다시 일어나지 않았다지

이렇게 실망하는 경우가 있었을 것이다. 바로 실망을 딛고 일어서는 것이 시인의 의지인 것이다. 이런 의지를 가진 자만이 결코 실망하지 않고, 실망 이후에는 더 좋은 시를 다시 쓸 수 있을 것이라는 사실을 알 수 있다. 식음을 전폐하고 누워서 일어나지 못하도록 실망하는 경우에도 시는 그 곁을 떠나지 않고, 지독하게 괴롭히는 경우에만 좋은 시를 쓸 수 있는 것이다.

2). 시는 시가 되어야 시다

시詩 인데도 시가 아닌 경우가 있다. 그것은 시가 아니기 때문이다. 시는 예술이다. 예술이 예술로서 기능을 잃으면 시가 될 수 없는 것이다. 이 언어예술인 시가, 시가 안 되는 현대의 젊은 시인들의 시가 많다. 이것을 시라고 우기는 사람들의 시가 어찌 예술이 되겠느냐하는 것이다.

황 시인의 '부드러운 혁명' 을 한 번 보자.

꽃잎을 떨구는 몸짓 또한 얼마나 부드러운 혁명인지
꽃잎의 몸짓을 받아 적는 시인의 눈빛은 또한
얼마나 강렬한 메시지인지
꽃들이 일제히 구호를 외치듯
꽃밭을 점령했어요

– '부드러운 혁명' 의 일부

시인은 언어의 마술사다.

혁명이란 낱말이 시에 사용되는 말인 줄은 아무도 몰랐다. 혁명은 정치하는 사람들만 사용하는 낱말인 줄만 알았었다. 여기에 나오는 혁명, 점령, 이런 낱말들은 생소한 시어詩語 같지만 황 시인은 이 낱말을 사어로 승화하여 아름답게 사용하고 있다. '대부분' 이란 말이 아무도 시어로 사용하지 못한 것을 정공채는 '어젯밤 내린비로 대부분 꽃잎지고' 하며 전쟁의 상처를 노래했듯이, 황시인 역시 혁명, 점령, 이런 낱말을 시어로 아름답게 노래하고 있음을 본다.

알고 보면 세상은 온통 부드러운 혁명으로 가득하지만
아무도 구호를 내걸지 않아요
헛된 공약을 남발하지 않아요
사람의 마을에 난무하는 그런 혁명 말고
자연의 부드러운 혁명에 물들고 싶어요

–'부드러운 혁명' 의 끝부분

이렇게 그는 '부드러운 혁명' 이란 제목으로 한 편의 시를 만들어내고 있는 것이다. 그는 그만의 능력을 지닌 시인이란 사실을 새삼스럽게 깨닫게 되었다.

[3] 황영선의 시 '선인장' 과 '겨울 과수원' 을 읽고

그 외에도 눈에 띄는 작품들이 많지만 다음 두 편에 대하여 몇 마디 남기고 싶다. '선인장' 은 자기 방어를 위한 식물이다. 그래서 선인장이 주는 이미지는 참으로 크다. 자기 방어를 위해서는 남으로부터 침입이나 부정한 소행을 막는 것이기 때문에 함부로 건드리든가 함부로 제어하지 못하는 식물이다. 이것이 이 시인의 소재가 되어 한 편의 짤막한 작품이 되었다.

'선인장' 은 물론 사막이 원산지다. 메마른 초원이나 삭막한 모래 위에 자라나서 아름다운 꽃을 피우는 식물이기 때문에 사람들은 이 선인장을 좋아한다. 아름다운 선인장 꽃, 그 꽃이야말로 충분히 시적인 소재가 될 수 있는 것이다. 선인장은 이국적 정서를 나타내면서 한없는 인내를 요구하는 식물로서 남국의 소나기를 그리워하는 인상을 자아내게 한다.

건드리지 마라
내겐 가시뿐이니

내 얘기를 들어달라고 조를 때마다
너의 귀는 사막여우처럼 길어졌다

꽃을 피우려고
너를 사막으로 만들었다

–'선인장' 의 전문

그래서 시인은 선인장에게 무엇을 요구하지 말라고 권고하고 있다. 그럴 때마다 너의 귀는 사막의 여우 귀처럼 길어진다고 시인은 표현하고 있다. 그것은 선인장의 잎이 길어진다는 뜻이다. 꽃을 피우려고 너를 사막으로 만들었다하고 말하기도 한다. 선인장 잎을 '사막여우 귀' 라고 표현한 말이 적절한 시적 이미지로 생각된다.

또 그의 시에는 '겨울 과수원' 이란 작품이 있다. 뜨거운 여름, 내내 땀 흘려 가꾼 사과나무가 가을이 되면 사과를 따내고 빈 나무 그대로 겨울을 맞는다. 이것이 '겨울 과수원' 이다.

오래된 과수원이다
늙은 사과나무들이 지게를 내려놓은
아버지의 구부정한 어깨 같다
수많은 열매를 얹었던 가지는 휘고 휘어

지팡이를 짚듯 받침목을 고이고 있다

- '겨울 과수원' 의 일부

아버지의 겨울 과수원, 여기에는 확실히 아버지의 애환이 스며있다. 여름 내내 자식처럼 가꿔오던 과일을 따서 멀리 보내고 나면 그의 애환이 자꾸 떠오른다. 마치 애지중지 키우던 자식을 도회지로 보내고 늙은 부부가 남아 과원을 지키고 있듯이, 이런 상황이 이 겨울 과수원의 시적 분위기다. 그래서 '겨울 사과나무' 는 바로 늙은 우리의 아버지와 같은 존재가 된다. 그래서 시인은 / **터실터실 나무껍질 같던 당신의 손이 보인다.** / 고 했다. 그리고 어느 시인이 말했듯이 겨울 과원은 모든 것을 주르륵 쏟아버리고 홀로 서 있는 과목 같은 사람이 이 시대의 우리 아버지 상이라고 했다. / **옹이가 박힌 가슴이** / 바로 아버지의 가슴이라고 했다.

다시 또 눈꽃이 피었습니다
우리가 먹은 달디 단 그 과육이
당신을 증발시켜 만들어 낸 소금 꽃이었다니요

과수원에서 따온 사과 한 개가 바로 아버지가 흘린 땀의 '소금 꽃' 이라고 했다. 이 아버지가 지은 사과 한개는 달지 않고 소금처럼 짤 수도 있다는 것이다. 달지 않는 소금 맛이다. 라는 표현은 시인이 아니면 느끼지 못한다. **/ 당신을 증발시켜 만들어 낸 소금 꽃 /** 나는 이 구절에서 참으로 놀랐다. 「사과 맛이 소금 맛」, 수긍이 가는 표현이었다.

[4] 시가 세 들어 사는 풀잎 같은 시인의 집

이번 이 시집에 실린 작품을 한 번 읽으면, 그의 시는 풀잎처럼 연하고 명주 올처럼 강인한 일면이 있으면서 꿈처럼 이상을 높이 내 건 풀잎 같이 아름다운 시편들이 사는 동화 같은 집, 거기에 세 들어 사는 그의 행복한 시를 볼 수가 있어 좋다.

빈 집인가 하면
누군가 살고 있는 흔적이 있다.

추녀 끝에서 젖은 옷이 마르고
울타리도 없는 마당에
꽃밭이 환하다

- '산골 독가촌 같은 시집 한 채' 의 일부

그의 집은 너무도 평화롭고 아름다우며 시들이 세 들어 사는 산골 독가촌獨家村 같은 집에는 많은 아름다운 자연들이 가득 가득 들어가서 시처럼 고운 꿈을 꾸며 살아가고 있다. 이것이 황영선의 시의 세계다. 지금도 시골 산골로 들어가면 이런 빈집들이 더러 있다. 새들이 지저귀고 울타리엔 장미꽃이 피고, 지붕위엔 새하얗게 박꽃마저 핀 새벽에는 먼동이 터 오기도 한다. 이것이 황영선의 한국적 서정을 노래하고 있는 것이다. **/ 울타리도 없는 마당에 / 꽃밭이 훤하다** / 하고 노래하는 시인은 어쩌면 한국의 전통서정에다 새로운 리리시즘을 창조하고 있다고 할 것이다.

그가 이번에 낸 시집의 전체적인 분위기가 이런 시적 세계를 잘 표현하고 있다 할 것이다.

초대하지 않은 손님이
느닷없이 나타나
서라벌 저자거리를 떠나지 않고 있다.
떠났는가 안도의 숨을 내쉬면
다시 나타나
크르릉 크르릉
낮밤을 가리지 않고
불쑥불쑥
생을 갈아엎고 있다

– '손님이 다녀가셨다' 의 일부

이 시인의 집을 찾아오는 대상은 초대받지 않는 자연이다. 구름이며, 바람이며, 까치며, 참새들이니 이런 자연은 시인의 시적인 소재들이다. 그래서 사람이 아니고 자연물이기 때문에 누구나 이 집에 찾아오고, 초대받지 않아도 출입이 가능한 것들이다. 이러한 집이 바로 시인의 집이다.

서러워마라
이슬도 풀잎에 세 들어 산다
오직 별과 달과 하늘뿐인
티베트 고원, 그 높은 산정
귀도 눈도 입도 다 봉해 버려도
차마고도 벼랑길을 뚜벅뚜벅
말방울 소리를 울리며
등짐을 지고 나르는 당나귀처럼
고단한 노정
삶은 소금 호수 같아
묵묵히 그 길을 걸어가느니

– '이슬도 풀잎에 세 들어 산다' 의 전문

시인은 시인에게 서러워말라고 당부를 한다. 이슬도 풀잎도 새들어 사는 시인의 집, 별과 달과 하늘뿐인 그 높은 산정, 귀도 입도 다 봉해버린 차마고도 벼랑길을 시인은 오늘도 뚜벅 뚜벅 걸어갈 뿐이다. 방울소리 울리며 등짐지고 떠나는 나귀의 고단한 생활이 있을지라도 시인은 거기서 시 한 편을 발견 할 수 있단다.

[5] 끝맺음

지금까지 황영선의 시작품을 읽어보았다. 그의 시는 한결같이 새로운 서정적 기법으로 시를 쓰고 있는 시인이다. 황영선의 서정시는 낡은 서정시가 아니라 새로움을 모색하는 새로운 서정시를 시도하고 있다. 서정에서 출발하여 서정으로 시를 쓰다가 서정시로 그의 시적 대단원의 결말을 도출하여 서정 시인으로서의 거장이 되기를 기원하는 바이다.

그는 모든 시의 시작과 결말을 한국시의 전통에 뿌리를 박고 있다. 이것이 이 시인이 가지고 있는 한국시의 원류가 되길 나는 바라고 있다. 한국 전통의 주류를 이어 나가서 한국 주류로 이어지기를 기대하는 마음 간절하다. 위에서 말했듯이 그가 작품에 제목을 붙이는 수법까지 예사롭지가 않다고 이미 말했다. 시에 제목을 붙이는 일까지 시 작법에 얼마나 큰 기법이 된다는 일이라는 것도 우리는 알아야한다.

끝으로 황영선 시인의 시가 한국의 새로운 리리시즘으로 우뚝 자리매김하기를 기원하면서 이에 붓을 놓는다.